평범한 우리 어린이들을 다음 세대
위인으로 만들어 줄 교과서 위인 이야기!
효리원의 교과서 위인 이야기는 초등학교
교과 과정에 나오는 국내외 위인들을, 우리나라
최고 아동 문학가 53인이 재미있게 동화로 구성했습니다.
지혜와 용기로 위대한 삶을 산 위인들의 이야기는,
어린이들의 마음속에 '나도 할 수 있다.'는
희망의 씨앗을 심어 줄 것입니다!

전쟁과 가난에도 굴하지 않은 투혼의 예술가
이중섭

윤수천 글 / 김태현 그림

 효리원
hyoreewon.com

이 책을 읽는 학부모님과 선생님께

어린 시절에 읽은 한 권의 위인전은 그 아이에게 많은 영향을 줍니다. 특히 어려움을 딛고 자신의 목표를 향해 끊임없이 노력하여 성공한 사람의 이야기는 더욱 환한 거울이 되지요.

화가 이중섭은 6·25 전쟁과 가난 속에서도 자신의 꿈을 굽히지 않은 투혼의 예술가입니다. 무엇보다도 그가 추구한 미술의 세계는 '우리 것'과 '동심'이었다는 점에서 더욱 아름다운 이름으로 남아 있습니다.

이중섭이 그린 '소', 그것은 어찌 보면 수난 받는 우리 민족이었습니다. 그리고 은종이에 그린 저 숱한 아이들은 어려운 환경에서도 꿋꿋하게 자라는 이 땅의 모든 어린이가 아니었나 싶습니다.

부모님과 선생님은 어린이와 가장 가까운 사이여야 합니다. 그래야만 가정과 학교에 웃음꽃이 핍니다. 그러기 위해서는 가장 좋은 통로가 바로 '책'이라고 생각합니다. 책을 통해 서로의 생각을 주고받는 일, 이는 곧 사랑의 징검다리라 할 수 있습니다.

　한 사람의 일생을 다룬 위인전은 인간이 어떻게 살아야 하는가를 알려 주는 나침반입니다. 전쟁과 가난 속에서도 가족을 사랑하며 자신의 꿈을 향해 투혼을 불사른 화가 이중섭, 그의 이야기를 사랑하는 어린이에게 읽히고 읽고 난 소감을 주고받는 일은 그래서 더욱 의미 있는 일이라고 확신합니다.

이중섭은 소와 함께 어린이를 참 많이 그린 화가입니다. 그만큼 그는 그 누구보다도 어린이를 사랑한 화가라 하겠습니다. 6 · 25전쟁 속에서 가난하여 종이조차 살 수 없게 되자 담뱃갑 은종이에다 천진난만한 어린이들을 참 많이 그렸습니다. 그것도 벌거벗은 모습의 어린이를 말입니다. 여기에서 우리는 어려운 시대에도 굽히지 않는 화가의 맑고 빛나는 정신을 엿볼 수 있습니다.

이중섭의 이야기를 쓰면서 나는 어린이 여러분의 가슴에 화가의 이 정신이 깃들었으면 참 좋겠다는 생각을 했답니다.

글쓴이 윤수천

차 례

이중섭은 1916년 4월 10일 평안남도 평원군 조운면 송천리에서 태어났습니다. 이때는 우리나라가 일본에게 나라를 빼앗기고 슬픔에 잠겨 있던 때였습니다.

중섭의 집은 대대로 농사를 크게 짓는 대지주 집안이었습니다. 중섭은 이 집안의 3남매 중 막내였습니다.

중섭이 다섯 살 때 뜻하지 않은 불행이 찾아왔습니다. 그것은 아버지의 죽음이었습니다. 어린 중섭은 울긋불긋한 깃발을 앞세운 채 아버지가 꽃상여를 타고 가는 광경을 오래 지켜보았습니다. 그때의 그 슬픈 빛깔은 중섭이가 세상에 나와 처음 체험한 색깔이었습니다.

중섭은 아버지의 죽음으로 혼자가 된 어머니 밑에서 꿋꿋하게 자랐습니다. 송천리의 한문방에서「동몽선습」,「명심보감」등 한문을 열심히 배웠습니다. 그러다가 여덟 살이 되자 중섭은 학교에 가기 위해 이문리의 외가로 갔습니다. 그리고 그곳에 있는 종로공립보통학교에 입학했습니다.

이때 이종사촌 형 이광석과 한 반이 되었습니다. 같은 학년엔 뒷날 화가가 된 김병기와 시인이 된 양명문, 소설가가 된 황순원이 있었습니다.

중섭은 이종사촌 형들 사이에서 외톨이나 다름없었습니다. 이런 중섭을 형 광석은 곁에서 잘 보살펴 주었습니다.

방학 숙제로 곤충 채집을 할 때에도 광석 형은 여러 종류의 곤충들을 잡아 표본을 해 주었습니다. 중섭은 광석 형을 따라다니며 곤충들의 몸에서 나는 화려한 빛깔을 보느라 정작 곤충을 잡는 일에는 관심도 없었습니다. 이런 중섭을 광석 형은

나무라기는커녕 재미있다는 듯 쳐다보곤 했습니다.

어느 날 외할머니는 외손자들에게 사과를 한 개씩 나누어 주었습니다. 다른 형들은 사과를 받자마자 재빨리 먹어버렸지만 중섭은 사과를 쥔 채 바라만 보고 있었습니다.

"중섭아, 넌 왜 사과를 먹지 않니?"

광석 형이 묻는데도 중섭은 여전히 사과만 쳐다보는 것이었습니다.

"왜 사과를 먹지 않느냐니까?"

"응, 정말 아름다워서."

중섭은 빨갛게 익은 사과의 빛깔이 보기 좋아서 냉큼 먹지를 못했던 것입니다. 그러고도 모자라 중섭은 종이에 사과를 그려 놓고 들여다보는 것이었습니다. 마치 사과에 홀린 아이 같았습니다.

중섭이 그림 그리기와 만들기에 재미를 붙이기 시작한 것은 그 무렵부터였습니다. 중섭은 뭐든 예사로 보지 않았으며 본 것을 그림으로 그리기를 좋아했습니다.

옛 고구려의 수도인 평양에는 유적지가 많았습니다. 유적지로 소풍을 가서 고구려의 옛 무덤 속을 둘러보게 된 중섭은 큰 감동을 받았습니다.

바로 무덤 속의 고구려 벽화를 본 것이었습니다. 벽 속에서

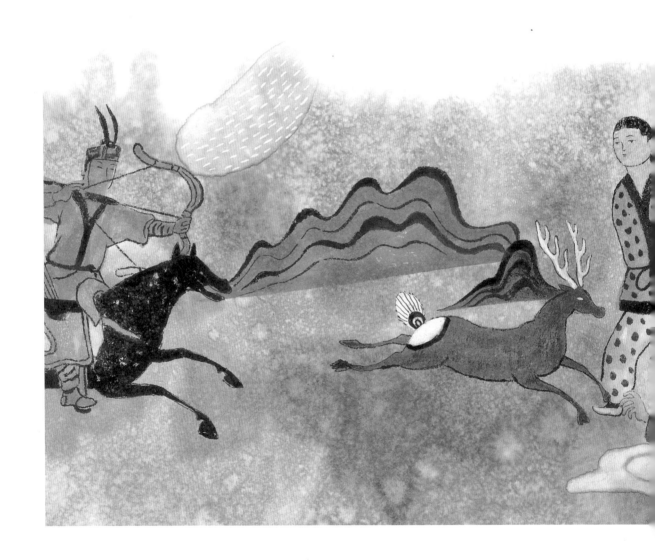

금방이라도 뛰어나올 것 같은 힘찬 모습의 사람과 말들이 어린 중섭의 마음을 사로잡았던 것입니다.

중섭은 소풍을 다녀온 뒤로 벽화를 보기 위해 그곳에 가곤 했습니다. 그러면서 그림의 세계에 빠져들었습니다.

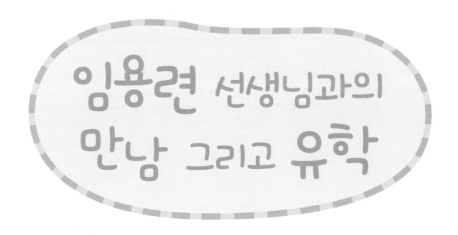

임용련 선생님과의
만남 그리고 유학

초등학교를 졸업한 중섭은 1929년 평안북도 정주에 있는 오산 학교에 입학했습니다. 오산 학교는 3·1 운동 때 민족 대표 33인 가운데 한 사람인 남강 이승훈이 세운 학교였습니다.

오산 학교에 입학한 중섭은 특별 활동으로 미술부에 들어갔습니다. 그러나 미술부는 기대했던 것과 달리 활발히 운영되지 않아 실망이 컸습니다.

2학년 무렵, 중섭은 씨름을 하다가 팔이 부러져 잠시 학교를 쉬게 되었습니다. 하지만 중섭은 집에 가지 않고 하숙집에

머물면서 그림을 그렸습니다. 그리고 틈틈이 시집이나 다른 책들을 읽었습니다.

당시 오산 학교 학생들은 자기 학교에 대한 자부심이 대단했습니다. 김억을 비롯하여 김소월, 백석같이 아주 이름난 시인들이 모두 오산 학교를 나온 선배들이었기 때문입니다. 이 자부심은 중섭도 마찬가지였습니다. 그래서 그들이 쓴 시를 빼놓지 않고 읽었습니다.

팔이 다 낫자 중섭은 다시 학교에 나갔습니다. 마침 임용련이라는 미술 선생님이 새로 부임해 왔는데, 그분은 아주 유명한 선생님이었습니다.

임용련 선생님은 미국 예일대에서 유화를 전공하였을 뿐 아니라 1등으로 졸업한 뒤엔 1년 동안 유럽에 가서 활동을 한 분이었습니다. 중섭은 임용련 선생님 밑에서 착실하게 그림 공부를 했습니다. 그러면서 화가가 되겠다는 꿈을 키웠습니다.

그 무렵, 중섭이 즐겨 그린 그림은 소였습니다. 우직하지만 꾀를 부리지 않고 성실히 농사일을 돕는 소의 행동이 마치 착

「**황소**」 | 1972년 현대화랑이 펴낸 이중섭 전시 작품집에 수록된 그림입니다.

한 우리나라 사람들을 보는 것 같았습니다.

이 무렵, 중섭이 몰두한 것이 또 하나 있었습니다. 두꺼운 한지에 먹물을 칠한 뒤 철필로 긁어 바탕을 드러내는 작업이었습니다. 중섭은 이때 배운 것을 활용하여 뒷날 담배 싸는 알루미늄 은박지에 그림을 그리는 등 새로운 수법에 눈을 뜨게 되었습니다.

오산 학교를 졸업한 중섭은 프랑스로 유학을 가고 싶었으나 당시로서는 이루어지기가 어려웠습니다. 그래서 프랑스 대신 일본으로 가기로 마음먹었습니다.

1935년, 스무 살이 된 중섭은 도쿄에 있는 데이코쿠 미술 대학 유화과에 입학하였습니다. 중섭이 들어간 이 미술 대학은 5년제였습니다. 그만큼 전문적인 공부를 하는 곳이었지요.

그러나 중섭은 이 미술 대학에서 별 재미를 못 느꼈습니다. 무엇보다도 자유분방한 그의 성격과 맞지 않았습니다. 그래서 미술 대학을 나와 다시 분카가쿠잉(문화 학원)이라는 학교의 유화과에 들어갔습니다.

이 학교는 3년 과정으로 짧았지만 자유롭고 개방적이라는 점이 그의 마음을 끌었습니다. 또한 그곳에는 초등 과정 내내 같은 반이었던 김병기와 오산 학교의 선배 문학수가 다니고 있었습니다.

중섭은 이 학원에서 강사 쓰다 세이슈라는 일본인 화가를 알게 되어 많은 격려를 받았습니다. 그는 조선인을 전혀 차별하지 않았으며 남의 재능을 알아보는 능력을 갖고 있었습니다. 그는 중섭의 그림을 보고 매우 창의적이라고 칭찬을 아끼지 않았습니다. 그의 격려는 중섭에게 큰 힘이 되었습니다.

일본의 수도이며 문화의 중심지인 도쿄에는 매일같이 미술 전람회가 열렸습니다. 외국의 이름난 화가와 유럽의 미술품 전시회도 끊임없이 열려 이중섭을 자극하였습니다.

그 가운데서도 중섭의 마음을 끈 것은 루오의 그림 전시회

였습니다. 루오의 그림은 수묵화를 연상시키는 동양적인 색채를 지니고 있었습니다. 중섭은 루오의 그림에서 새로운 화법에 눈을 떴습니다.

마사코와
결혼하다

    1938년 스물세 살이 된 중섭은 자유미술가협회에 작품을 내어 커다란 성과를 얻었습니다. 세 점의 「소묘」와 「작품」을 포함해서 모두 다섯 점을 내어 입선하였습니다.

    그런데 너무 그림 그리는 일에 몰두해서였는지 그해 끝 무렵에 중섭은 다시 병이 나서 휴학을 하고 원산으로 돌아와 휴양을 해야만 했습니다.

    원산으로 돌아온 중섭은 휴양만 하지 않았습니다. 중섭은 창고를 손수 고쳐 화실을 만들었습니다. 그러고는 화실에 처

박혀 그림 그리기에 매달렸습니다.

　그런가 하면 어느 날엔 들에 나가 하루 종일 소를 관찰하기도 했습니다. 그러다가 한번은 소도둑으로 몰리기도 했습니다. 그만큼 소에 빠져 있었습니다.

　1940년 휴양을 마치고 다시 학교로 돌아온 중섭은 이내 사랑에 빠졌습니다. 같은

야마모토 마사코(한국 이름 이남덕) | 2013년 9월, 제주도 서귀포시 자구리 해안을 찾은 이중섭의 아내 모습입니다.

학교의 2년 후배인 야마모토 마사코라는 여성이었습니다. 두 사람은 한 해 전에 알게 된 사이인데, 떨어져 있는 동안 서로를 그리워하는 정이 더욱 깊어졌습니다. 두 사람은 어느새 결혼을 하기로 약속까지 했습니다.

　그러면서도 중섭은 그림 그리기에 몰두하여 「망월」 「서 있는

소」등 많은 작품을 그렸습니다. 그리고 이 작품들을 자유미술가협회에 출품하였습니다.

이때 「망월」은 특별상인 태양상을 받아 마침내 최고의 영예를 차지하고 협회 회원이 되었습니다.

중섭의 거듭된 성공으로 그를 뒷바라지하는 어머니와 가족들은 매우 기뻤습니다. 중섭의 그림이나 엽서가 실린 잡지를 보면서 가족들은 기쁨의 눈물을 흘렸습니다.

1943년 스물여덟 살이 된 중섭은 징병을 피하기 위해 원산으로 돌아왔습니다.

일본에서 돌아온 중섭은 그림 그리기에 몰두하기도 하고 금강산에 다녀오기도 하면서 답답하고 고통스러운 나날을 보냈습니다. 결혼까지 약속한 사랑하는 마사코 생각에 밤에는 잠도 오지 않았습니다.

일본에서 돌아온 지 두 해쯤 지난 1945년, 서른 살이 된 중섭은 마사코에게 편지를 썼습니다. 전쟁의 불길을 피해 한국으로 오라는 내용이었습니다.

그렇지 않아도 폭격이 하도 심해 근심 속에서 하루하루 지
내던 마사코는 중섭의 편지를 보자마자 부모님의 허락을 받아
한국으로 출발했습니다.

그러나 배를 타기 위해 가 보니 이미 한국으로 가는 배가 끊

어진 뒤였습니다. 그래도 마사코는 포기하지 않고 기다린 끝에 겨우 임시 연락선을 탈 수 있었습니다. 그 배는 한국으로 가는 마지막 배였습니다.

죽음을 무릅쓰고 부산에 닿은 마사코는 다시 기차를 타고 서울에 도착, 원산의 중섭에게 전화를 걸었습니다. 마사코의 소식을 목이 타도록 기다리던 중섭은 득달같이 서울로 가 그녀를 맞이했습니다. 국경도, 전쟁의 불길도 두 사람의 사랑을 갈라놓지는 못했던 것입니다,

1945년 5월, 마침내 두 사람은 가족과 친지, 그리고 많은 사람들의 축복을 받으며 결혼식을 올렸습니다. 결혼식은 조상 대대로 내려온 전통 혼례식으로 치렀습니다. 신랑은 사모관대 차림이었고, 신부는 족두리에 원삼을 입었습니다.

결혼과 함께 중섭은 아내의 이름을 이남덕으로 바꾸었습니다. 우리말과 글을 버리고 일본식으로 이름을 바꾸는 강제적 분위기에서 참으로 어려운 결단이었습니다.

1945년 10월, 일본 제국의 패망 이후 첫 번째로 열린

'해방 기념전'에 중섭은 그동안 준비한 작품을 내기 위해 서울로 갔으나, 안타깝게도 늦어서 내지 못했습니다.

대신 이 작품들을 인천에서 열린 전람회에 출품했습니다. 이 그림들이 바로 원산에 돌아와 수년 전부터 그려 오던 연필화「세 사람」과「소년」입니다.

이 전람회에서 중섭이 선보인「세 사람」은, 일본 제국주의 아래에서 신음하는 조선인을,「소년」은 누군가를 하염없이 기다리는 소년의 애절한 모습을 담은 작품이었습니다.

해방 후 중섭은 서울 미도파 백화점 지하 방 벽화를 그리는가 하면, 평양에서 많이 보았던 고구려 벽화를 이어받아 제대로 된 벽화도 그려 보고자 했습니다. 그런가 하면 새로운 세상을 맞아 미래에 대한 소망을 담아 평화와 행복이 가득한 나라를 그리기도 했습니다. 그러나 안타깝게도 그 그림들은 화재로 타 버려 현재 볼 수가 없습니다.

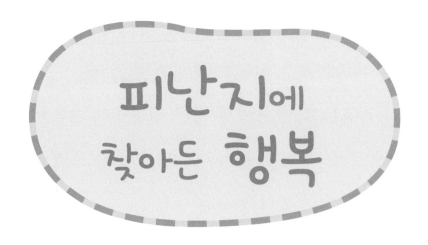

피난지에
찾아든 행복

1945년 해방이 된 우리나라는 1년이 지난 1946년, 남쪽은 미군의 간섭을 받았고, 북쪽은 소련(러시아)의 간섭을 받았습니다. 그리하여 북한은 공산주의 체제가 되었습니다.

중섭의 형 중석은 지주 계급이란 이유로 원산 내무서에 끌려가 끝내 그곳에서 죽음을 맞이했습니다. 형의 죽음은 가족들에게 커다란 충격과 깊은 슬픔을 안겨 주었습니다.

그 무렵 중섭의 가정에 첫아들이 태어났습니다. 그러나 기쁨도 잠시 첫아들이 디프테리아에 걸리고 말았습니다. 중섭은 어떻게 손도 써 보지 못한 채 아들을 하늘나라로 떠나보냈습니다. 이때 친구이자 시인인 구상이 찾아와 슬픔에 잠긴 중섭을 많이 위로해 주었습니다.

중섭은 평양에서 열린 해방 기념 미술전에 잃어버린 아들을 소재로 그린「하얀 별을 안고 하늘을 나는 어린이」를 출품했습니다. 이 그림을 본 모스크바의 미술 평론가 나탐 여사는 근대 유럽의 대가들과 견주어 조금도 뒤떨어지지 않는 작품이라고 칭찬을 했습니다.

그러나 점차 중섭의 그림은 공산주의자들로부터 지탄을 받기 시작했습니다. 그 무렵 중섭은 해방 기념 시집「응향」의 표지화를 그리게 되었습니다.

그런데 그 시집에 실린 구상 시인의 시가 반인민적이라는 이유로 비판을 받게 되자, 구상은 이내 남쪽으로 떠나버렸습니다. 중섭도 주위의 위협을 느꼈으나 마음에 걸리는 게 많아 행동으로 옮기지는 못했습니다.

1948년, 남북을 하나의 나라로 만들려는 노력이 끝내 물거

품이 되고, 남쪽과 북쪽은 제각기 단독 정부를 세웠습니다. 우리나라가 남한과 북한이라는 두 개의 나라로 갈라진 것입니다. 그리고 여기서만 그치지 않고, 1950년 6월 25일 새벽, 북한이 남한을 공격하면서 전쟁이 시작되었습니다.

중섭은 아내와 아이들을 어머니와 함께 피난시키고 화구를 챙겨 석왕사 뒷산으로 갔습니다. 그곳에 폐쇄된 금광이 있어 몸을 숨기기에 안성맞춤이었던 것입니다.

전세가 바뀌어 원산으로 들어온 국군은 중섭에게 원산신미술가협회를 결성하도록 했습니다. 공산주의 사회에서도 그들에게 쉽게 협조하지 않은 중섭을 남달리 보았던 것입니다. 중섭은 이를 거절하지 못하고 협회 회장직을 맡았습니다.

그해 12월 초, 이번에는 중공군이 전쟁에 끼어들어 전세가 바뀌고 말았습니다. 이에 당황한 중섭은 어머니와 형수, 그리고 조카들을 남겨 둔 채 가족을 데리고 원산을 빠져나왔습니다. 그러고는 후퇴하는 국군 부대의 배를 탔습니다.

며칠 후 부산에 도착한 중섭은 부두에서 짐 부리는 일을 하

며 끼니를 이어갔습니다. 그러나 부두에서 짐 부리는 일은 힘이 든데다 임금이 너무 쌌습니다. 고생이 말이 아니었습니다.

다시 전세가 악화되자 중섭은 가족을 데리고 부산을 떠나 아예 제주도로 갔습니다. 이때가 1951년 1월 초였습니다.

제주도에 도착한 중섭 가족은 여러 날을 걸어 서귀포에 닿았습니다. 시내 중심가는 이미 먼저 온 피난민들로 꽉 차서 변두리에 작은 방을 하나 겨우 얻었습니다.

이때의 고생은 말이 아니었습니다. 먹을 것이 부족한 탓에 중섭은 날마다 가까운 바닷가로 나가 게를 잡는 날이 많아졌습니다.

하루는 두 아들이 자기들과 놀던 게를 중섭이 불에 구워 주자 울상을 지었습니다.

"아버지, 같이 놀던 게를 어떻게 먹어요. 흑흑!"

"아차! 내가 거기까지는 생각을 못 했구나. 허허."

중섭은 반성하는 뜻으로 게를 그리기 시작했습니다.

중섭의 작품 가운데 게 그림이 많은 것은 이러한 이유 때문입니다.

　서귀포의 생활은 중섭에게 오랜만의 평화와 행복을 안겨 주었습니다. 이때 그린 그림이 서귀포의 아름다운 바다를 담은

「서귀포의 환상」, 살던 곳 근처의 바다를 묘사한 「섶섬이 보이는 서귀포 풍경」, 「그리운 제주도 풍경」 등입니다.

아내와 아이들이 남기고 간 바다

전선이 북으로 옮겨 가자 중섭은 가족을 데리고 다시 부산으로 갔습니다. 그러나 아주 슬픈 소식이 기다리고 있었습니다. 아내의 친정어머니로부터 아버지가 돌아가셨다는 소식을 들은 것입니다.

"여보, 저는 일본으로 돌아가 집안을 정리해야 하겠어요. 그러니 고생이 되더라도 참고 기다려 주세요."

아내 남덕은 중섭에게 말하고 아이들을 데리고 일본으로 건너갔습니다.

혼자 남은 중섭은 외로움을 달래며 열심히 그림을 그렸습니다. 아내와 아이들이 그리울 때면 붓을 쥐고 화폭 앞에 서곤 했습니다.

캔버스나 스케치북이 없어서 군용 천막을 뜯어서 그렸고, 합판에도 그렸고, 심지어 담뱃갑 은박지에도 그렸습니다. 물감이나 붓이 없다 보니 연필이나 못으로 그리기도 했습니다.

아내가 두 아들을 데리고 일본으로 건너간 뒤로 중섭과 아내 남덕의 편지가 현해탄을 오갔습니다. 그러나 편지로서는 그리움을 다 풀 수 없었습니다. 무엇보다도 가족의 안부가 궁금해 견딜 수 없었습니다.

이 무렵 중섭은 일본에 있는 아내에게 참 많은 편지를 썼습니다. 편지의 내용도 다양했습니다. 지난날의 행복했던 시절을 추억하는가 하면, 폐허 속의 가난한 일본 생활을 걱정하기도 했고, 다시 만나 단란하게 살자는 꿈을 이야기하기도 했습니다.

그런가 하면 어느 편지에서는 어려운 처지지만, 올바른 삶

을 살고 싶다는 소망을 적기도 했습니다. 가난 속에서도 참 인간성을 잃지 않으려는 의지를 담고 있었지요.

중섭은 또 아이들에게도 많은 편지를 썼습니다. 건강하고 꿋꿋하게 자라는 두 아들의 모습을 그려 보며 기쁜 마음으로 살고 있다는 내용, 오늘은 태현이와 태성이가 물고기와 게하고 놀고 있는 그림을 그렸다는 내용, 이번에 일본에 가면 태현이와 태성이에게 자전거를 한 대씩 사 주겠다는 내용 등 아버지로서의 자상한 마음을 적었습니다.

마지막 **만남**

　한국 전쟁이 휴전될 무렵인 1953년 7월, 중섭은 주위 친구들과 처가의 도움으로 가족을 만나기 위해 일본으로 건너갔습니다. 일본에 도착한 중섭은 그동안 그린 은박지 그림과 몸에 지니고 다니던 불상 등을 아내에게 맡겼습니다.

　그러고는 일주일 만에 돌아왔습니다. 정식으로 여권을 받고 일본에 간 것이 아니어서 일주일을 넘기면 체포되기 때문이었습니다. 가족들과 살 작정으로 갔다가 처가 식구들의 냉대로 돌아와야만 했다는 소문도 있으나 이는 사실과 다릅니다.

1953년 7월, 남과 북이 휴전 협정을 맺으면서 피난을 떠났던 사람들이 제각기 고향을 찾거나 서울로 모여들었습니다.

중섭은 친구 유광렬의 권유로 통영의 나전칠기 강습소로 갔습니다. 중섭이 평소 우리 옛 미술품에 대한 안목이 높은 것을 안 유광렬이 자기와 함께 지내고 싶었던 것입니다. 중섭은 통영으로 거처를 옮긴 뒤 비로소 안정을 얻고 그림에 몰두할 수 있었습니다.

이때 중섭이 가장 많이 그린 것이 소 그림이었습니다.

「노을을 등지고 울부짖는 소」「흰 소」「떠받으려고 하는 소」등이 그것입니다. 이때의 소는 온순한 대신 하나같이 성이 났거나 싸움을 하려고 덤비는 소였습니다.

소 그림과 함께 중섭이 몰두한 또 다른 그림은 가족을 소재로 한 그림이었습니다. 남편이 아내와 아이들을 소달구지에 태우고 행복이 넘치는 곳으로 가고 있는 「길 떠나는 가족」이 대표 작품입니다. 한자리에 모인 가족 중 아버지는 꽃을 뿌리고 아이들과 함께 엄마가 즐거워하는 모습이 행복한 느낌을

주는 그림입니다. 그런가 하면 자기 가족 그림 위에 닭 가족을 더해서 그리기도 했습니다. 이러한 그림에는 수탉과 암탉, 그리고 병아리가 나옵니다.

이 무렵 중섭은 풍경화에도 관심이 많아 통영의 여러 곳을 다니며 아름다운 경치를 화폭에 담았습니다. 「푸른 언덕」「충렬사 풍경」「남망산 오르는 길이 보이는 풍경」 등이 모두 이 시기에 나온 작품입니다.

환희와 절망

1955년 1월 18일부터 27일까지 미도파 화랑에서 이중섭 작품전이 열렸습니다.

전시된 작품은 「소」 「봄의 아이들」 「길 떠나는 가족」 「옛 이야기」 등과 은박지에 그린 그림을 합쳐 마흔 점이 넘었습니다.

중섭의 그림을 본 사람들은 열광했습니다. 전쟁 속에 잔뜩 갇혀 있던 예술에 대한 욕망이 한꺼번에 쏟아져 나왔던 것입니다. 그러나 또 다른 한편에서는 비판의 소리도 나왔습니다. 은박지 그림을 외설적이라고 몰아붙이는 게 그것이었습니다.

마침내 은박지 그림들이 철거당하는 소동이 벌어졌습니다.
은박지 그림 대부분이 그리운 가족을 소재로 한 작품이었건
만, 단지 나체화라는 이유로 철거를 당한 것입니다.
중섭은 은박지 그림 철거 소동으로 큰 충격을 받았습니다.

그림은 생각보다 많이 팔렸지만 가족에 대한 애틋한 정을 쏟

아부었던 은박지 그림의 철거는 여린 그의 마음에 커다란 상

처를 남겼습니다.

　그와 함께 그림을 제대로 볼 줄 모르는 사람들에 대한 실망

감도 컸습니다. 특히 미술을 전문적으로 공부했다는 평론가들의 무식함에 놀라고 말았습니다.

중섭은 서울 전시회를 마치고, 이번에는 대구로 내려가 전시회를 가지려고 했습니다. 그러나 약속했던 사람의 배반으로 뜻을 이루지 못하고 말았습니다. 누군가가 중섭을 미치광이로 모함한 것이었습니다.

소문은 소문을 낳는지도 모릅니다. 중섭의 정신이 정상이 아니라는 소문이 끊임없이 그를 따라다니며 괴롭혔습니다. 여기에는 중섭을 시기하는 무리도 끼어 있었습니다.

생각다 못한 중섭은 자신이 정상이라는 것을 보여 주기 위해 「자화상」이라는 작품을 그리기도 했습니다. 그러는 사이에 건강이 극도로 나빠졌고, 자포자기에 빠지는 지경에까지 이르렀습니다.

고통 없는 세상으로

중섭은 끝내 그해 7월 대구 성가 병원 정신과에 보내져 치료를 받아야 했습니다. 이 안타까운 소식을 전해 들은 친구와 친척들은 8월 말 중섭을 서울로 데려왔습니다. 서울로 온 중섭은 더욱 몸이 쇠약해져 수도 육군 병원에 입원했습니다.

이 딱한 사정을 보다 못한 가까운 사람들이 중섭을 돕기 위한 기금을 모았으나, 이 기금이 그를 돕는 데 쓰이지 않고 다른 데 쓰인 일이 벌어졌습니다. 그뿐만이 아닙니다. 서울에서 연 전시회 때 그림을 팔아 주겠다며 가져간 사람이 돈은 물

론 그림도 돌려주지 않았습니다. 이런 일이 중섭의 병을 더욱 나쁘게 했습니다.

중섭은 지독한 만성 간염에 시달리고 있었습니다. 병세는 좀처럼 나아지지 않았습니다. 그런 속에서도 중섭은 붓을 놓지 않고 그림에 몰두했습니다. 이때 그린 그림이 「나무 위의 노란 새」, 「나무와 달과 하얀 새」였습니다.

1956년 들어 중섭의 병세는 극도로 나빠졌습니다. 여기에

정신마저 이상해져 갔습니다. 친구들은 중섭을 정신과로 이름 난 청량리 뇌병원에 입원시켰습니다. 그러나 의사는 중섭이 정신 이상이 아니라 극심한 간장염이라는 진단을 내렸습니다.

중섭은 고모 집에서 요양하다가 상태가 더욱 나빠져 서대문 적십자 병원 내과에 입원하는 신세가 되었습니다. 그러나 이때는 어떻게 손을 써 볼 수 없는 상태였습니다.

결국 중섭은 한 달 뒤인 9월 6일, 그 누구도 지켜보는 이 없는 외로운 병실에서 홀로 숨을 거두었습니다. 그의 나이 마흔한 살이었습니다. ✿

이중섭 전시관 | 제주도 서귀포시에 있는 이중섭 전시관입니다. 초가는 이중섭이 피난을 와 살았던 집입니다.

이중섭 초상화 3점 | 서귀포에서 지내던 시절 그린 초상화입니다.

편지 속 작품들 | 이중섭이 죽기 전 아내에게 보낸 편지 속에 넣어 함께 보낸 작품들입니다.

「**꽃과 어린이**」 | 이중섭 미술관에 전시되고 있는 작품입니다.

「**두 아이와 물고기와 게**」 | 이중섭의 드로잉 작품입니다.

연 대	발 자 취
1916년(1세)	4월 10일, 평안남도 평원군에서 태어나다.
1920년(5세)	아버지 별세. 이 무렵부터 그리기와 만들기에 흥미를 보이다.
1923년(8세)	평양 종로공립보통학교에 입학하다.
1929년(14세)	평북 정주에 있는 민족 사립 오산 학교에 입학, 미술부에 들어가다.
1931년(16세)	미술부 담당 교사 임용련 선생님을 만나 미술 활동에 열정을 보이다. 이 무렵부터 소를 즐겨 그리다.
1932년(17세)	가족이 원산으로 이사. 그 후 방학 때면 원산 집으로 가다.
1935년(20세)	도쿄의 데이코쿠 미술 대학에 입학. 유화를 전공하다.
1936년(21세)	다시 3년제의 전문 과정인 분카가쿠잉에 입학하다. 화가이자 강사인 쓰다 세이슈에게 지도 받다.
1938년(23세)	공모전 자유텐에 출품하여 협회상을 받다. 평론가와 화가들의 호평을 받다.
1940년(25세)	2년 후배 마사코를 만나 사랑에 빠지다.
1941년(26세)	조선인 미술가들과 조선신미술가협회를 만들고 창립전을 도쿄에서 가지다. 다섯 번째 자유텐에 출품하여 회우가 되다.
1943년(28세)	일곱 번째 자유텐에서 특별상 태양상을 받다. 징병을 피해 일본 생활을 청산하고 원산으로 돌아오다.
1945년(30세)	이중섭의 연락을 받은 마사코가 원산으로 오다. 5월에 결혼식을 올리다.
1946년(31세)	구상 시집 「응향」의 표지화 사건으로 문초를 받다. 첫아들이 태어났으나 곧 죽다.
1947년(32세)	둘째 아들 태현이가 태어나다.
1949년(34세)	셋째 아들 태성이가 태어나다.
1950년(35세)	원산을 떠나 부산으로 이사하다.
1951년(36세)	1월, 가족과 함께 제주도로 가다. 「서귀포의 환상」 「바닷가와 아이들」 등을 그리다.
1953년(38세)	일본에 있는 가족을 만나고 일주일 만에 돌아오다. 친구의 권유로 통영 나전 칠기 강습소로 가다. 소 그림을 비롯한 풍경화를 많이 그리다.
1954년(39세)	서울로 옮기다. 「도원」을 그리다.
1955년(40세)	1월에 서울 미도파 화랑에서 전시회를 열다. 일반인들로부터는 호평을 받았으나 평론가들로부터는 혹평을 받다. 또 당국의 간섭으로 일부 작품이 철거를 당하자 큰 충격을 받다. 정신 병원에 입원하는 신세가 되다.
1956년(41세)	영양실조와 간장염으로 적십자 병원에 입원하다. 9월 6일, 아무도 지켜보는 이 없는 외로운 병실에서 숨을 거두다.

읽으며 생각하며!

1. 외할머니가 외손자들에게 사과를 한 개씩 나누어 주었을 때, 다른 외손자들은 받자마자 사과를 먹었는데 중섭은 먹지 않고 손에 쥐고 바라만 보았어요. 왜 그랬을까요?

2. 다음 글을 읽고 느낀 중섭의 마음씨에 대해 써 보세요.

> 제주도에 도착한 중섭 가족은 여러 날을 걸어 서귀포에 닿았습니다. 시내 중심가는 이미 먼저 온 피난민들로 꽉 차서 변두리에 작은 방을 하나 겨우 얻었습니다.
>
> 이때의 고생은 말이 아니었습니다. 먹을 것이 부족한 탓에 중섭은 가까운 바닷가로 나가 게를 잡아먹는 날이 많아졌습니다.
>
> 하루는 두 아들이 자기들과 놀던 게를 중섭이 불에 구워 주자 울상을 지었습니다.
>
> "아버지, 같이 놀던 게를 어떻게 먹어요. 흑흑!"
>
> "아차! 내가 거기까지는 생각을 못 했구나. 허허."
>
> 중섭은 반성하는 뜻으로 게를 그리기 시작했습니다. 중섭의 작품 가운데 게 그림이 많은 것은 이러한 이유 때문입니다.

3. 아내가 두 아들을 데리고 일본으로 건너간 뒤 중섭은 아내 남덕과 많은 편지를 주고 받았어요. 내용도 다양했지요. 어느 날엔 어려운 처지지만 올바른 삶을 살고 싶다는 소망을 적어 보내기도 했는데, 이를 읽으면서 우리들의 삶과 관련해 느끼는 바를 이야기해 보세요.

4. 이중섭은 종이뿐 아니라 담뱃갑 은종이에도 그림을 많이 그렸는데, 그 이유는 무엇인가요?

5. 중섭의 그림 가운데는 남편이 아내와 아이들을 소달구지에 태우고 행복이 넘치는 곳으로 가는 그림이 있습니다. 이 그림의 제목은 무엇일까요?

_____

_____

6. 정신 이상이라는 주위의 잡음을 잠재우기 위하여 중섭이 그려서 보여 준 그림은 어떤 그림이었나요?

_____

_____

7. 이중섭을 왜 훌륭한 화가라고 말하는지 자신의 의견을 말해 보세요.

_____

_____

_____

_____

_____

 풀이

1. 사과의 빛깔이 무척 아름다워서.

2. 예시 : 어른이면서도 때 묻지 않은 순수하고 천진난만한 어린이의 마음을 지 녔음을 보았습니다.

3. 예시 : 사람이 살아가는 데 중요한 것은 어려울수록 더욱 흐트러지거나 주저 앉지 않고 꼿꼿한 자세로 올바른 삶을 살아야 한다는 것을 느꼈습니다.

4. 전쟁 중인데다가 가난해서 종이를 살 수가 없었기 때문에.

5. 「길 떠나는 가족」.

6. 「자화상」.

7. 예시 : 날이 갈수록 물질을 제일로 아는 우리들에게 이중섭은 그림을 통해서 정신적인 것이 얼마나 소중하고 아름다운 것인가를 보여 준 화가입니다. 특히 그의 그림은 우리 한국민의 얼굴과 색깔을 오롯이 지니고 있어서 더욱 정감을 느끼게 해줍니다. 뿐만 아니라 예술이 왜 우리에게 필요한가를 실력으로 보여 준 진정한 화가이기도 해서 더욱 존경의 마음이 생깁니다.

한국사 (상단)

- 최무선 (1328~1395)
- 황희 (1363~1452)
- 세종 대왕 (1397~1450)
- 장영실 (?~?)
- 신사임당 (1504~1551)
- 이이 (1536~1584)
- 허준 (1539~1615)
- 유성룡 (1542~1607)
- 한석봉 (1543~1605)
- 이순신 (1545~1598)
- 오성과 한음 (오성 1556~1618 / 한음 1561~1613)

- 광개토 태왕 (374~412)
- 을지문덕 (?~?)
- 연개소문 (?~666)
- 김유신 (595~673)
- 대조영 (?~719)
- 장보고 (?~846)
- 왕건 (877~943)
- 강감찬 (948~1031)

- 고구려 살수 대첩 (612)
- 신라 삼국 통일 (676)
- 견훤 후백제 건국 (900)
- 궁예 후고구려 건국 (901)
- 고려 강화로 도읍 옮김 (1232)
- 문익점 원에서 목화씨 가져옴 (1363)
- 최무선 화약 만듦 (1377)
- 허준 동의보감 완성 (1610)
- 병자호란 (1636)

- 고조선 건국 (B.C. 2333)
- 철기 문화 보급 (B.C. 300년경)
- 고조선 멸망 (B.C. 108)
- 고구려 불교 전래 (372)
- 신라 불교 공인 (527)
- 대조영 발해 건국 (698)
- 장보고 청해진 설치 (828)
- 왕건 고려 건국 (918)
- 귀주 대첩 (1019)
- 윤관 여진 정벌 (1107)
- 개경 환도, 삼별초 대몽 항쟁 (1270)
- 조선 건국 (1392)
- 훈민정음 창제 (1443)
- 임진왜란 (1592~1598)
- 한산도 대첩 (1592)
- 상평통보 전국 유통 (1678)

시대 구분 (한국사)

| B.C. | 선사 시대 및 연맹 왕국 시대 | A.D. 삼국 시대 | 698 남북국 시대 | 918 고려 시대 | 1392 |

연표 축

| 2000 | 500 | 400 | 300 | 100 | 0 | 300 | 500 | 600 | 800 | 900 | 1000 | 1100 | 1200 | 1300 | 1400 | 1500 | 1600 |

시대 구분 (세계사)

| B.C. | 고대 사회 | A.D. 375 | 중세 사회 | 1400 |

세계사 (하단)

- 중국 황하 문명 시작 (B.C. 2500년경)
- 인도 석가모니 탄생 (B.C. 563년경)
- 알렉산더 대왕 동방 원정 (B.C. 334)
- 크리스트교 공인 (313)
- 게르만 민족 대이동 시작 (375)
- 로마 제국 동서로 분열 (395)
- 수나라 중국 통일 (589)
- 이슬람교 창시 (610)
- 수 멸망 당나라 건국 (618)
- 러시아 건국 (862)
- 거란 건국 (918)
- 송 태종 중국 통일 (979)
- 제1차 십자군 원정 (1096)
- 테무친 몽골 통일 칭기즈 칸이 됨 (1206)
- 원 제국 성립 (1271)
- 원 멸망 명 건국 (1368)
- 잔 다르크 영국군 격파 (1429)
- 구텐베르크 금속 활자 발명 (1450)
- 코페르니쿠스 지동설 주장 (1543)
- 도요토미 히데요시 일본 통일 (1590)
- 독일 30년 전쟁 (1618)
- 영국 청교도 혁명 (1642~1649)
- 뉴턴 만유인력의 법칙 발견 (1665)

- 석가모니 (B.C. 563?~B.C. 483?)
- 예수 (B.C. 4?~A.D. 30)
- 칭기즈 칸 (1162~1227)

정약용
(1762~1836)

김정호
(?~?)

주시경
(1876~1914)

김구
(1876~1949)

안창호
(1878~1938)

안중근
(1879~1910)

우장춘
(1898~1959)

방정환
(1899~1931)

유관순
(1902~1920)

윤봉길
(1908~1932)

이중섭
(1916~1956)

백남준
(1932~2006)

이태석
(1962~2010)

이승훈
천주교
전도
(1784)

최제우
동학
창시
(1860)

김정호
대동여
지도
제작
(1861)

강화도
조약
체결
(1876)

지석영
종두법
전래
(1879)

갑신
정변
(1884)

동학
농민
운동,
갑오
개혁
(1894)

대한
제국
성립
(1897)

을사
조약
(1905)

헤이그
특사
파견,
고종
퇴위
(1907)

한일
강제
합방
(1910)

3 · 1
운동
(1919)

어린이날
제정
(1922)

윤봉길 ·
이봉창
의거
(1932)

8 · 15
광복
(1945)

대한
민국
정부
수립
(1948)

6 · 25
전쟁
(1950~1953)

10 · 26
사태
(1979)

6 · 29
민주화
선언
(1987)

서울
올림픽
개최
(1988)

북한
김일성
사망
(1994)

의약
분업
실시
(2000)

| 조선 시대 | 1876 개화기 | 1897 대한 제국 | 1910 일제 강점기 | 1948 대한민국 |

| 1700 | 1800 | 1850 | 1860 | 1870 | 1880 | 1890 | 1900 | 1910 | 1920 | 1930 | 1940 | 1950 | 1970 | 1980 | 1990 | 2000 |

| 근대 사회 | | | | | | 1900 | | 현대 사회 | | | | | | | | |

미국
독립
선언
(1776)

프랑스
대혁명
(1789)

청 · 영국
아편
전쟁
(1840~1842)

미국
남북
전쟁
(1861~1865)

베를린
회의
(1878)

청 ·
프랑스
전쟁
(1884~1885)

청 · 일
전쟁
(1894~1895)

헤이그
평화
회의
(1899)

영 · 일
동맹
(1902)

러 · 일
전쟁
(1904~1905)

제1차
세계
대전
(1914~1918)

러시아
혁명
(1917)

세계
경제
대공황
시작
(1929)

제2차
세계
대전
(1939~1945)

태평양
전쟁
(1941~1945)

국제
연합
성립
(1945)

소련
세계
최초
인공위성
발사
(1957)

소련
아프가니
스탄
침공
(1979)

제4차
중동
전쟁
(1973)

미국
우주
왕복선
콜럼비아
호 발사
(1981)

독일
통일
(1990)

유럽
11개국
단일
통화
유로화
채택
(1998)

미국
9 · 11
테러
(2001)

워싱턴
(1732~1799)

페스탈
로치
(1746~1827)

모차
르트
(1756~1791)

나폴
레옹
(1769~1821)

링컨
(1809~1865)

나이팅
게일
(1820~1910)

파브르
(1823~1915)

노벨
(1833~1896)

에디슨
(1847~1931)

가우디
(1852~1926)

라이트
형제
(형, 윌버
1867~1912 /
동생, 오빌
1871~1948)

마리
퀴리
(1867~1934)

간디
(1869~1948)

아문센
(1872~1928)

슈바이처
(1875~1965)

아인슈
타인
(1879~1955)

헬렌
켈러
(1880~1968)

테레사
(1910~1997)

만델라
(1918~2013)

마틴
루서 킹
(1929~1968)

스티븐
호킹
(1942~2018)

오프라
윈프리
(1954~)

스티브
잡스
(1955~2011)

빌
게이츠
(1955~)

77

2021년 10월 25일 1판 3쇄 **펴냄**
2014년 1월 10일 1판 1쇄 **펴냄**

펴낸곳 (주)효리원
펴낸이 윤종근
글쓴이 윤수천 · **그린이** 김태현, 원유성(표지)
사진 제공 연합뉴스
등록 1990년 12월 20일 · **번호** 2-1108
우편 번호 03147
주소 서울시 종로구 삼일대로 457, 1206호
전화 02)3675-5222 · **팩스** 02)765-5222
ⓒ2014, (주)효리원
잘못 만들어진 책은 구입하신 서점에서 바꾸어 드립니다.
ISBN 978-89-281-0325-6 64990

이메일 hyoreewon@hyoreewon.com
홈페이지 www.hyoreewon.com